MUST READ | ANALISI DEL LIBRO

AF156537

Le Grand Meaulnes

· · · · · · · · · · · · · ·

ALAIN-FOURNIER

ANALISI DEL LIBRO

Scritto da Pauline Coullet
Tradotto da Sara Rossi

Le Grand Meaulnes

ALAIN-FOURNIER

ALAIN-FOURNIER

SCRITTORE FRANCESE

- **Nato a La Chapelle-d'Angillon, in Francia, nel 1886**
- **Morto a Saint-Rémy-la-Calonne, Francia, nel 1914**
- **Opere degne di nota:**
    - *Miracoli* (1924), poesie e racconti brevi
    - *Correspondance avec Jacques Rivière* ("Corrispondenza con Jacques Rivière", 1926), lettere
    - *Colombe Blanchet* (1990), romanzo incompiuto

Henri-Alban Fournier, noto come Alain-Fournier, nasce a Low Berry, nella regione della Sologna, nella Francia centro-settentrionale, dove trascorre la sua infanzia. I suoi genitori sono insegnanti. Inizialmente sogna di diventare un marinaio e inizia a studiare al collegio navale di Brest, prima di abbandonarlo. Studia poi letteratura, ma non supera l'esame di ammissione alla prestigiosa École Normale Supérieure. Interrompe gli studi per svolgere il servizio militare. Arruolato durante la Prima guerra mondiale (1914-1918), viene ucciso nel 1914 durante una missione di ricognizione a Saint-Rémy-la-Calonne, nel dipartimento della Mosa, nel nord-est della Francia, a 27 anni.

A causa della sua morte prematura, porta a termine un solo romanzo: *Le Grand Meaulnes* (1913), che è stato tradotto in inglese con vari titoli, tra cui *The Wanderer*, *The Lost Domain* e *The Lost Estate*. Scrive lettere che vengono pubblicate dopo la sua morte, in particolare all'amico Jacques Rivière (scrittore francese, 1886-1925), e nel 1914 inizia un'opera teatrale, *La Maison dans le forêt* (*La casa nella foresta*), troppo breve per essere pubblicata, e un romanzo, *Colombe Blanchet*.

LE GRAND MEAULNES

UN CLASSICO AFFASCINANTE

- **Genere:** romanzo
- **Edizione di riferimento:** Alain-Fournier, H. (2007) *La tenuta perduta (Le Grand Meaulnes)*. Trans. Buss, R. Londra: Penguin
- **1° edizione:** 1913
- **Temi:** l'età, l'amicizia, l'adolescenza, i sogni, il fantastico

Le Grand Meaulnes viene pubblicato nel 1913 ed è l'unico romanzo compiuto di Alain-Fournier. Descrive l'impatto che l'arrivo del misterioso Augustin Meaulnes ha sulla vita di François Seurel, figlio adolescente di un maestro di scuola nel villaggio immaginario di Sainte-Agathe, che l'autore situa nella sua regione natale della Sologna.

Il romanzo è pubblicato prima sulla rivista letteraria *La Nouvelle Revue Française*, poi come libro dalla casa editrice Émile-Paul Frères. È candidato al Prix Goncourt, ma non lo vince. Dalla sua prima pubblicazione, avvenuta oltre un secolo fa, il romanzo ha conosciuto un continuo successo. Nel 1999 si classifica al nono posto nella lista dei cento libri del secolo stilata dal quotidiano francese *Le Monde*. Ha venduto complessivamente più di cinque milioni di copie ed è considerato un capolavoro letterario.

SINTESI

PRIMA PARTE

François Seurel, il narratore quindicenne, vive a Sainte-Agathe nei locali della scuola dove insegna suo padre. Una domenica di novembre, arriva a scuola un ragazzo di diciassette anni di nome Augustin Meaulnes. Sua madre, una ricca vedova, ha deciso di mandarlo a pensione dai Seurel per consentirgli di frequentare le lezioni del padre di François e di sostenere l'esame per diventare maestro. Il nuovo ragazzo viene subito soprannominato "Il Grande Meaulnes" dagli studenti della classe, perché è più grande di loro ed è un leader naturale. François è abituato a passare molto tempo da solo, ma l'arrivo di Augustin sconvolge questa tranquilla routine e segna l'inizio di una nuova vita per lui. Augustin ama vivere avventure e giocare con tutto ciò che incontra. Ad esempio, la prima volta che incontra François, gli propone di accendere i fuochi d'artificio che ha appena trovato nella soffitta dei Seurel.

Un giorno, Meaulnes decide di fare una sorpresa alla classe: imbrigliare un cavallo per andare a incontrare i nonni di François, i Charpentier, alla stazione ferroviaria di Vierzon, anche se il compito è già stato affidato a un altro studente. Tuttavia, Augustin non torna quel giorno. La sera, un uomo riporta ai Seurel la loro carrozza senza autista, ma Meaulnes torna solo quattro giorni dopo. François è l'unica persona a cui racconta quello che gli è successo.

Il giorno della sua scomparsa, Augustin aveva intenzione di riportare indietro i Charpentier. Tuttavia, non conosceva la strada e si era perso. Dopo vari incidenti, nel corso dei quali aveva perso il cavallo, si era ritrovato in un luogo strano e sconosciuto. Si stava svolgendo una specie di festa e sembrava che i bambini fossero al comando. Aveva trovato una camera da letto e, esausto, si era addormentato. Aveva indossato alcuni abiti trovati nella stanza per sembrare un ospite e poi si era unito ai festeggiamenti. Aveva appreso che gli ospiti stavano aspettando Frantz de Galais, il figlio del proprietario del castello. Frantz era andato a cercare una ragazza di Bourges che aveva incontrato tornando a casa da un viaggio, per portarla con sé e sposarla. Frantz sembrava essere un ragazzo capriccioso che gestiva le cose nel castello: per festeggiare il fidanzamento con la sua fidanzata, aveva organizzato questa strana festa che riuniva vecchi e giovani, ricchi e poveri, tutti vestiti in costumi d'epoca. C'erano bambini in ogni angolo della casa e l'intero castello era stato decorato per l'occasione. Il giorno seguente, durante una gita in barca organizzata dal proprietario del castello, Augustin aveva incontrato Yvonne de Galais, sorella di Frantz, e se ne era innamorato. Quella sera aveva trovato Frantz nella sua stanza e il tanto chiacchierato giovane gli aveva detto che la sua fidanzata non era venuta e che la festa era finita. Nella carrozza di ritorno a Sainte-Agathe, Augustin aveva sentito un botto e visto un Pierrot (un personaggio della pantomima francese con il volto bianco e i vestiti larghi) incontrato alla festa che trasportava un corpo umano.

Appena rientrato, Meaulnes, che ha solo un gilet di seta come prova della sua incredibile avventura, vuole tornare al più presto in questo strano luogo. Tuttavia, non sa come arrivarci.

Decide quindi di disegnare una mappa che gli permetta di ritrovare la strada. Quando ha tracciato solo metà del percorso, fa pressione su François perché parta con lui. Nonostante François sia molto entusiasta del progetto, rifiuta l'offerta, preferendo aspettare la fine della scuola. Rimandano la partenza all'estate.

PARTE SECONDA

Una sera, quando François pensa che Augustin si sia dimenticato della terra perduta, i due ragazzi cadono in un'imboscata: il gruppo, guidato da un ragazzo che indossa una benda, ruba la mappa che Meaulnes aveva preparato per ritrovare la strada verso la misteriosa tenuta. Il giorno dopo, a scuola, uno zingaro si unisce alla classe. Poiché indossa una benda, Augustin e François capiscono subito che è il capo del gruppo e che vuole vendicarsi dell'agguato del giorno prima. Tuttavia, il nuovo ragazzo vuole solo aiutarli: dopo aver restituito la mappa, ormai completata, racconta ad Augustin che anche lui era alla strana festa. Gli dà anche l'indirizzo di Yvonne a Parigi in cambio della sua amicizia.

Lo zingaro vive in una roulotte con il suo amico Ganache nella piazza della chiesa. Un giorno, mentre si esibiscono in un piccolo circo che hanno allestito, lo zingaro si toglie la benda. Meaulnes lo riconosce subito come Frantz de Galais. Disperato dopo che la sua fidanzata lo ha lasciato, ha tentato il suicidio sparandosi, il che spiega la sua benda. È poi partito con Ganache e da allora vive una vita miserabile e nomade. In seguito scappa senza dare spiegazioni. Qualche tempo dopo, Meaulnes decide di proseguire gli studi a Parigi. Lascia François da solo a Sainte-Agathe, ma non trova Yvonne.

Dopo la partenza di Meaulnes, François diventa amico di Boujardon, Delouche e Roy, studenti che prima vedeva come nemici perché gelosi di Meaulnes. Rivela il segreto di Augustin e racconta loro la sua avventura, ma poi si sente in colpa. François ha ricevuto solo tre lettere dall'amico, in cui Augustin gli racconta la sua vita a Parigi: una ragazza gli ha raccontato che, in passato, un ragazzo ora morto e una giovane donna ora sposata trascorrevano le vacanze nella casa che si presume appartenesse a Yvonne de Galais. Meaulnes capisce che questo significa che Yvonne è sposata e si dispera. Dice a François che l'avventura è finita e gli chiede di dimenticarla e di dimenticarsi di lui.

TERZA PARTE

Gli anni passano e François diventa insegnante. Durante una passeggiata, Delouche gli racconta di aver visitato una tenuta chiamata Les Sablonnières, vicino a Le Vieux-Nançay, dove vivono un anziano ufficiale e sua figlia. Grazie alla sua descrizione e al fatto che menziona l'eccentrico figlio del proprietario del castello, che François riconosce come Franz, capisce che si tratta della tenuta senza nome di prima. Si reca quindi dallo zio, che vive a Le Vieux-Nançay. Trova subito Yvonne de Galais nel negozio di suo padre e si mette alla ricerca di Meaulnes nella casa di sua madre a La Ferté-d'Angillon. Quando Meaulnes apprende la notizia, sembra sorprendentemente triste ed è riluttante ad andare con lui. Alla fine François lo convince a partecipare a una gita in campagna organizzata dallo zio. Durante la gita, Meaulnes incontra Yvonne de Galais, che lo riconosce immediatamente. Quella sera, Augustin scoppia in lacrime e le chiede di sposarlo. I due si sposano nel febbraio dell'anno successivo.

Meaulnes e Yvonne vivono insieme nel castello della tenuta perduta che lui ha sognato a lungo, ma la sfortuna sembra perseguitare il giovane: il giorno del suo matrimonio, Frantz de Galais ritorna e rivendica il suo diritto alla felicità da Augustin. Frantz lo aveva già aiutato a ritrovare la sua fidanzata e la tenuta perduta e quindi, in cambio, in onore della loro promessa di amicizia, vuole che Augustin ritrovi la fidanzata che ha cercato invano per tanti anni. Per mantenere la promessa, Augustin parte da solo per qualche giorno e riporta la ragazza che ama.

François si prende allora cura di Yvonne, rimasta sola, e diventa suo amico. Qualche mese dopo, la donna gli comunica di essere incinta del figlio di Meaulnes. Muore il giorno dopo la nascita della figlia. Il padre, il vecchio ufficiale, muore poco dopo e, non avendo eredi diretti oltre a Meaulnes, lascia Les Sablonnières a François fino al ritorno di Augustin. François e le infermiere si occupano del bambino di Augustin e Yvonne. Un giorno, scopre il diario di Augustin, in cui aveva scritto del suo soggiorno a Parigi, e apprende che Meaulnes frequentava da tempo una giovane donna di nome Valentine Blondeau e che le aveva chiesto di sposarlo. Durante la vacanza con lei, Meaulnes scopre che l'ex fidanzato di Valentine non è altro che il suo amico Frantz de Galais. Sconvolto, la lasciò prima di tornare a casa della madre, in provincia. In seguito, preso dal rimorso, cominciò a preoccuparsi per la donna che aveva amato e pensò di andare a cercarla. Tuttavia, mentre si prepara a partire, François viene a dirgli che ha trovato Yvonne. François capisce allora la causa dei suoi tormenti: Augustin si sentiva in colpa perché aveva in un certo senso rubato la fidanzata al suo amico Frantz. Non poteva godersi la vita con Yvonne mentre portava il peso di questo segreto e sapeva che Frantz e Valentine erano condannati all'infelicità.

Un anno dopo la morte di Yvonne, Meaulnes torna alla tenuta, portando con sé Frantz e Valentine, ormai sposati. Viene poi a sapere che sua moglie è morta e che ha una figlia.

STUDIO DEL CARATTERE

FRANÇOIS SEUREL

François Seurel, pur essendo il narratore del romanzo, non ne è l'eroe: il suo ruolo è quello di raccontare la storia del Grande Meaulnes. Ha quindici anni e vive nel piccolo villaggio di Sainte-Agathe, nella Sologna, vicino a Vierzon, con il padre, Monsieur Seurel, e la madre, detta Millie. Entrambi sono insegnanti e danno lezioni a François e agli altri bambini del villaggio nella loro casa di mattoni rossi, nei locali della scuola superiore di Saint-Agathe. François è un bambino timido, serio e un po' solitario: inoltre, un problema al ginocchio gli ha impedito di giocare con i coetanei per tutta l'infanzia.

L'arrivo di Meaulnes sconvolge la sua vita. Come gli altri bambini, ammira il Grande Meaulnes e diventa il suo più intimo confidente. Dopo l'incontro tra i due ragazzi, il ginocchio di François smette di dargli fastidio e questo segna l'inizio di una nuova vita entusiasmante per lui. È affascinato dalla storia di Augustin e sogna di vivere un'avventura con lui. Pur essendo molto meno audace del suo amico, lo accompagna alla ricerca della terra perduta. Gli è devoto perché lo ammira e si sente crescere al suo fianco.

Contro ogni aspettativa, è lui a trovare Yvonne de Galais – anziché Augustin, che l'ha cercata a lungo invano – e a organizzare l'incontro tra lei e Augustin. Quando Meaulnes li lascia improvvisamente per andare a cercare la fidanzata di

Frantz, François si occupa di Yvonne, che è incinta, e poi di sua figlia. François si sviluppa notevolmente nel corso del romanzo, trasformandosi da ragazzo passivo e timido a uomo attivo e protettivo. Trascorrendo il tempo con Meaulnes, diventa un adolescente audace, per poi diventare un uomo dopo la partenza dell'amico.

Il ritorno di Augustin alla sua vita si tinge di rimpianto. Meaulnes riparte con la figlia, alla quale François si era affezionato: "Sentivo che il Grande Meaulnes era tornato per privarmi dell'unica gioia che mi aveva lasciato" (p. 223). François è quindi deluso ma, come sempre accade quando è con l'amico, pieno di meraviglia: "Anche così, mi resi conto che la ragazza aveva finalmente trovato il compagno che inconsciamente aspettava" (p. 222).

AUGUSTIN MEAULNES

Augustin Meaulnes, da cui il romanzo prende il nome, è l'eroe della storia. È un ragazzo di diciassette anni con i capelli raccolti, soprannominato "Il grande Meaulnes" dai suoi compagni di classe, impressionati dalla sua età e dalla sua stazza. All'inizio della storia viene a vivere con i Seurel (prima viveva con la madre a La Ferté-d'Angillon) e attira subito l'attenzione di tutti gli studenti. È un personaggio misterioso e avventuroso: preferisce esplorare la natura piuttosto che parlare e ama il gioco. È anche un personaggio romantico: ama gli assoluti e sogna un amore puro e perfetto. Si innamora di Yvonne de Galais e dedica parte della sua vita alla sua ricerca: più che una storia d'amore adolescenziale, lei rappresenta l'ideale che sogna. In seguito, inizia una relazione con Valentine Blondeau, che ama in modo più maturo. Questo amore è più ragionato di quello per Yvonne, perché è ormai adulto, ma non ha futuro: quando scopre che è l'ex fidanzata di Frantz, si sente in colpa e la lascia.

Quando anni dopo incontra nuovamente Yvonne, il loro matrimonio si tinge di tristezza per il ricordo di Valentine e per l'incapacità di Augustin di essere felice con ciò che ha. È sempre alla ricerca dell'ideale e, dopo aver passato la vita a immaginare il ricongiungimento con Yvonne, sembra infelice ora che ha ottenuto ciò che desidera. È sempre in movimento e non riesce a stare fermo: alla fine parte alla ricerca di Valentine per riparare ai suoi torti (sia verso di lei che verso Frantz) e, quando al ritorno scopre che è rimasta solo sua figlia, scappa con lei per imbarcarsi in nuove avventure.

Il lettore non sa mai cosa prova Augustin, perché viene sempre descritto attraverso gli occhi di François. Con il procedere della storia, i due amici si allontanano a causa delle avventure di Augustin, così François non può fare altro che immaginare ciò che prova l'amico.

YVONNE DE GALAIS

Meaulnes si innamora perdutamente di Yvonne durante la festa a Les Sablonnières. La ragazza compare solo raramente nel romanzo, perché è l'oggetto della ricerca di Augustin. È una giovane ragazza dai lunghi capelli biondi e dalla bellezza ultraterrena. Il suo fragile aspetto fisico sembra presagire la sua morte. Tuttavia, il suo carattere contrasta con il suo aspetto, perché è deciso e forte. È anche generosa e altruista. Diventa molto amica di François: dopo la partenza di Augustin, lui va spesso a trovarla e lei inizia a confidarsi con lui. Questo rende la sua morte ancora più tragica, perché le impedisce di vivere la sua relazione con Augustin.

Yvonne è il doppio letterario di Yvonne de Quiévrecourt (1885-1964), una giovane donna di cui Alain-Fournier si innamorò perdutamente quando aveva diciannove anni.

FRANTZ DE GALAIS

Frantz de Galais è il fratello di Yvonne e da bambino gli è stato dato tutto ciò che desiderava. A causa sua, il padre organizzò una strana festa durante la quale volle sposare Valentine Blondeau, una ragazza che aveva conosciuto da poco. Dopo che la fidanzata lo lasciò, si disperò a tal punto da tentare il suicidio. Scegliendo una vita di vagabondaggio con il suo amico Ganache, continua la sua infanzia stravagante, rifiutandosi di vivere una vita normale e di crescere.

In seguito, chiede a Meaulnes di trovare la sua fidanzata e si ricongiunge con Valentine alla fine del romanzo.

VALENTINE BLONDEAU

Valentine Blondeau è la fidanzata perduta di Frantz. Vivace e circondata da un'aura di irrealtà, scappa il giorno delle nozze perché non riesce a credere a tanta felicità. Tuttavia, pensa costantemente a Frantz.

In seguito, viene sedotta da Augustin Meaulnes. Meaulnes scopre con lei qualcosa di più di una storia d'amore adolescenziale, ma finisce per fuggire quando scopre chi è veramente, prima di riportarla finalmente dal fidanzato Frantz.

MONSIEUR DE GALAIS

Monsieur de Galais è il padre di Frantz e Yvonne. È un ufficiale e, dopo la scomparsa del figlio, vive da solo con la figlia. Dopo che il matrimonio di Frantz è stato annullato, è stato rovinato e la sua tenuta è stata parzialmente distrutta. Dopo la morte della figlia, muore di dolore.

ANALISI

LA DIMENSIONE AUTOBIOGRAFICA DEL ROMANZO

Grazie al significativo elemento autobiografico di *Le Grand Meaulnes*, l'autore ha potuto usare i suoi personaggi per rivivere alcune parti della propria vita.

- In primo luogo, l'autore condivide una parte della sua vita con il narratore, François Seurel. Anche lui, come François, è figlio di maestri di scuola, ha trascorso l'infanzia in Sologna e ama i libri e le gite in bicicletta.

- Il personaggio del Grande Meaulnes può anche essere visto come un doppio di Alain-Fournier. Come lui, aveva un certo ascendente sui suoi compagni di classe e poteva condurli dove voleva. Inoltre, il villaggio in cui è nato, La Chapelle-d'Angillon, ricorda il nome della città natale dell'eroe del romanzo, La Ferté-d'Angillon. Tuttavia, l'eroe e l'autore si assomigliano soprattutto nell'amore per una giovane donna di nome Yvonne. Alain-Fournier si innamora di Yvonne de Quiévrecourt nel 1905, quando aveva 19 anni, un'età vicina a quella di Augustin Meaulnes quando incontra Yvonne de Galais. Il loro incontro è abbastanza simile a quello dei personaggi: il giovane Alain-Fournier vede per la prima volta Yvonne al Grand Palais di Parigi mentre lei è su un battello fluviale e, mentre lui la segue, lei si gira a guardarlo. Per molto tempo Alain-Fournier attende sotto le finestre della giovane donna di cui è infatuato. Alla fine trova il coraggio di parlarle all'uscita della chiesa di Saint-Germain-des-Prés. Dopo averlo ascoltato, la giovane donna gli chiede di non provare a rivederla e due anni dopo scopre che era sposata.

Alain-Fournier utilizza e trasforma nel romanzo una serie di elementi della propria vita: il breve incontro tra Yvonne e Augustin, la barca (così come l'autore ha conosciuto Yvonne de Quiévrecourt su un battello fluviale, Augustin vede Yvonne de Galais e le dice che è bellissima durante un giro in barca il giorno dopo la festa), le loro brevi conversazioni e la disperazione di sapere che la persona che ama è sposata.

TRA SOGNO E REALTÀ

Il Grande Meaulnes si sposta costantemente tra il reale e l'immaginario. Ad esempio, i luoghi si trasformano costantemente, passando da elementi reali e autobiografici a luoghi immaginari nel romanzo.

In questo modo, l'autore fornisce una descrizione molto precisa della vita in un villaggio che ospita personaggi pubblici, artigiani e contadini. L'autore descrive fedelmente le caratteristiche di questa società rurale di fine Ottocento, come gli studenti "il cui compito abituale è quello di scacciare i maiali e le capre tirando loro delle pietre quando entrano nel cortile della scuola per sgranocchiare le foglie di alisso" (p. 21). Inoltre, Alain-Fournier integra nei suoi dialoghi il modo di parlare della gente comune e utilizza espressioni rurali o provinciali per rendere più realistiche le persone e le scene che descrive.

La vita scolastica è raccontata nei minimi dettagli: i banchi, i principi morali, la stufa a legna e così via. In questo senso, il libro condivide molte analogie con il *roman du terroir* (romanzo rurale). Tuttavia, anche all'interno di questa ambientazione realistica, troviamo passaggi onirici, che assomigliano a estratti di una fiaba. Questi due registri si intrecciano soprattutto nella prima parte, al punto che il lettore non sa se gli eventi siano realmente accaduti o se siano stati inventati da Augustin.

 ## ROMAN DU TERROIR

Questo termine è stato originariamente utilizzato per indicare i romanzi del XIX e XX secolo che descrivevano la vita dei contadini canadesi. Per estensione, il termine è ora utilizzato per indicare i romanzi che descrivono in modo realistico il tradizionale stile di vita rurale nei villaggi, elogiando l'agricoltura e il lavoro artigianale.

Lo stile onirico della descrizione della "tenuta senza nome" (p. 168) è così diverso dal registro realista usato prima e dopo l'esperienza di Augustin che l'avventura sembra inventata, o parte di un sogno. Mentre all'inizio del romanzo, l'autore descrive in modo realista la tradizionale fine di una funzione religiosa domenicale ("Quella domenica in particolare, un evento di fronte alla chiesa mi trattenne fuori dopo la funzione. I bambini si erano riuniti per assistere a un battesimo nel portico", p. 7), l'atmosfera che si respira nella tenuta perduta sembra molto più strana. L'autore usa l'espediente stilistico dell'accumulo per descrivere il turbinio di persone e il movimento alla festa, e descrive le strane persone come se non fossero reali:

> *"[Augustin] era lì in piedi nel suo grande cappotto, come un cacciatore, proteso in avanti e tendendo le orecchie, quando un giovane straordinariamente piccolo uscì dall'edificio vicino, che sembrava vuoto. Aveva un cappello a cilindro aderente che brillava nell'oscurità come se fosse d'argento, un cappotto con il colletto alto in aria, un panciotto molto basso e pantaloni con le staffe… Questo dandy, che aveva forse quindici anni, camminava in punta di piedi come se fosse sollevato dall'elastico sotto i piedi, ma con una rapidità sorprendente. Salutò Meaulnes al suo passaggio, senza fermarsi, inchinandosi profondamente, automaticamente, poi sparì nel buio verso l'edificio principale – la fattoria, il castello o l'abbazia – la cui torretta aveva guidato il ragazzo fin dal primo pomeriggio" (p. 54).*

Allo stesso modo, Les Sablonnières, presentato come un paradiso per bambini, ha qualcosa di soprannaturale. È composto da elementi che sembrano provenire direttamente da una fiaba o da un romanzo cavalleresco. Ad esempio, la bella ragazza (Yvonne de Galais, il cui fascino ammalia Augustin) e il castello perduto in mezzo alla foresta ricordano *La bella addormentata* (1697) di Charles Perrault (scrittore francese, 1628-1703) e *La bella e la bestia* (1740) di Gabrielle-Suzanne Borbot de Villeneuve (scrittrice francese, 1685-1755):

> *"Erano circa le tre del pomeriggio quando finalmente osservò la guglia di una torretta grigia che si ergeva al di sopra di alcuni abeti […] Tra due pali bianchi, all'angolo del bosco, Meaulnes trovò l'ingresso di un viale e si avviò lungo di esso. Dopo pochi passi si fermò, stupito, sopraffatto da una sensazione che non sapeva spiegare. Anche se camminava con le stesse gambe stanche e il vento gelido gli gelava le labbra, a volte gli toglieva il respiro, tuttavia una straordinaria sensazione di appagamento gli sollevò lo spirito, una sensazione di perfetta, quasi inebriante tranquillità: la certezza di aver raggiunto la meta e che d'ora in poi lo attendeva solo la felicità" (p. 46).*

Il soggiorno di Augustin nella tenuta perduta appartiene al regno dello strano: ad esempio, il luogo viene chiamato "strana tenuta" in diverse occasioni. La camera da letto in cui entra è piena di oggetti bizzarri e antiquati che sembrano appartenere a un'altra epoca. Questa stranezza è ancora più marcata perché una parte significativa dell'avventura di Augustin si svolge di notte.

Il passaggio tra reale e immaginario è spesso segnato dal sonno, che svolge un ruolo essenziale nello sviluppo degli eventi. Infatti, Meaulnes sogna la tenuta e Yvonne prima di vederli nella vita reale:

> "Si ricordò di un sogno, o meglio di una visione che aveva avuto da piccolo – qualcosa di cui non aveva mai parlato con nessuno. Una mattina, invece di svegliarsi nella sua stanza [...] si trovò in una lunga sala verde con arazzi simili al verde della foresta. La luce che entrava in questo luogo era così dolce che sembrava di poterla assaporare. Accanto alla finestra più vicina, una ragazza stava cucendo, voltandogli le spalle, come se aspettasse che si svegliasse... Non aveva avuto la forza di scivolare fuori dal letto e di attraversare la sua dimora incantata. Si era riaddormentato" (p. 45).

Durante la permanenza nella tenuta, dopo il viaggio in barca, "tutto accadde come in un sogno" (p. 65). Quando torna a scuola, Meaulnes sogna spesso ragazze che assomigliano a Yvonne, senza riuscire a ritrovarla. Tuttavia, anche se l'avventura di Augustin nella tenuta perduta sembra irreale, egli porta con sé la prova di ciò che ha vissuto: il gilet di seta. Inoltre, più avanti nella storia incontra Frantz, e poi Yvonne, in un contesto realistico.

Alain-Fournier inserisce quindi un episodio onirico in un contesto realistico, per dare peso a questo evento che stravolge il romanzo e la vita dei due personaggi. L'aspetto onirico riflette anche il modo in cui Augustin vede l'amore: essendosi innamorato di Yvonne durante la sua avventura, associa la giovane a questo paesaggio onirico, il che spiega perché diventa infelice quando la incontra di nuovo nel contesto realistico della campagna e la festa è finita.

UN ROMANZO D'AVVENTURA E DI FORMAZIONE

Gli eventi del romanzo si svolgono quando François e Augustin hanno rispettivamente quindici e diciassette anni: racconta il loro passaggio dall'infanzia all'adolescenza e poi dall'adolescenza al mondo degli adulti. In particolare, Augustin diventa adulto grazie all'amore per Yvonne, mentre François passa dall'infanzia all'adolescenza trascorrendo il tempo con Augustin, e poi dall'adolescenza all'età adulta quando l'amico lo lascia. Il libro è quindi un romanzo di formazione: la trama descrive lo sviluppo di un eroe, spesso giovane, che diventa adulto. Questo genere è noto anche come *Bildungsroman*, romanzo di formazione o romanzo di educazione. In *Le Grand Meaulnes*, i due giovani protagonisti vivono avventure che li aiutano a crescere e a diventare uomini.

Avventura

Le Grand Meaulnes è un romanzo d'avventura. La parola "avventura" compare spesso (è anche il titolo di un capitolo), a partire dalle prime pagine del romanzo, quando il narratore evoca "la dimora in cui le nostre avventure si sono susseguite, infrangendosi come onde su uno scoglio solitario" (p. 5). Questa parola chiude anche il romanzo: "già lo immaginavo, una sera, avvolgere la figlia in un mantello e partire con lei per qualche nuova avventura" (p. 223).

L'avventura è legata al desiderio di fuga. Come accade in molti romanzi di formazione, i giovani eroi sono preoccupati dal desiderio di partire. Meaulnes è il primo personaggio a mettere in atto questo desiderio: il capitolo intitolato "Fuga" racconta la sua fuga da scuola per andare a cercare i nonni di François. François, rimasto solo, pensa continuamente alla fuga e immagina che Meaulnes lo chiami per seguirlo nelle sue avventure. Augustin, dal canto suo, vive eventi degni di un romanzo cavalleresco, trovando uno strano castello e una ragazza tanto bella da essere una principessa. Torna trasformato, con "l'aspetto di un viaggiatore stanco, affamato ma meravigliato" (p. 26).

La mappa che Augustin disegna per ritrovare la tenuta è chiaramente legata alla famosa mappa del tesoro del classico romanzo d'avventura L'*isola del tesoro* (1882) di Robert Louis Stevenson (scrittore scozzese, 1850-1894). La mappa indica la strada per raggiungere il sentiero dimenticato:

> "*Per la prima volta, anch'io sono sulla strada dell'avventura […] Sto cercando qualcosa di ancora più misterioso. Sto cercando il passaggio di cui scrivono nei libri, quello con l'ingresso che il principe, stanco di viaggiare, non riesce a trovare*" (p. 118).

La ricerca della "tenuta senza nome" è legata all'esplorazione e alla scoperta. François non ha partecipato alla straordinaria avventura di Augustin, ma la vive in qualche modo attingendo ai libri e alla sua immaginazione.

L'arrivo di Meaulnes fa uscire François dal suo torpore e gli apre nuove possibilità di fuga e di avventura. Così, "ora che

Meaulnes se n'era andato, non ero più il suo compagno di avventure, il fratello di quell'esploratore. Ero tornato a essere un ragazzo di paese come gli altri" (p. 125). Tuttavia, anche se Meaulnes è partito, l'avventura continua. François è stato temprato dagli anni trascorsi con Augustin e non tornerà a essere un personaggio passivo. Ad esempio, è lui a trovare Yvonne. Come Augustin, anche François esce da questa ricerca più maturo.

Il romanzo di formazione

Il romanzo di formazione segue lo sviluppo di un giovane eroe che cresce grazie alle avventure che vive.

Augustin Meaulnes è l'eroe del romanzo: è lui che dà il nome al libro e tutta la storia ruota intorno a lui, anche quando non è presente. Inoltre, la storia inizia con il suo arrivo a casa dei Seurel. È un ragazzo ribelle e talvolta pensieroso, irrimediabilmente attratto dall'aria aperta e dall'idea di fuga. A differenza del suo amico François, è sempre attivo. Conquista subito l'ammirazione degli altri alunni, quindi è naturale che sia lui a iniziare l'avventura fuggendo nella fiabesca dimora di Les Sablonnières.

Il registro di questa avventura si avvicina al romanzo d'iniziazione medievale. In effetti, gli eventi che Augustin vive sono basati sul modello attanziale classico. Il "cavaliere" Augustin Meaulnes intraprende una ricerca, quella dell'amore assoluto: si mette alla ricerca della sua principessa, Yvonne de Galais, e del suo misterioso castello, la Tenuta senza nome. L'intera trama del romanzo è costruita intorno a questa ricerca. Augustin è il mittente della ricerca, poiché è la persona che la conduce, ma anche il destinatario, poiché ne trae beneficio (alla fine sposa Yvonne). Come in ogni ricerca, alcuni personaggi (gli aiutanti) aiutano l'eroe a raggiungere il suo obiettivo, mentre altri (gli avversari) cercano di fermarlo. François è un aiutante, poiché decide di cercare la terra perduta con il suo amico. Frantz è più ambiguo: dà ad Augustin una mappa completa che conduce alla tenuta misteriosa, nonché l'indirizzo di Yvonne a Parigi (aiutante), ma ricompare per rompere il suo matrimonio con Yvonne, mentre Meaulnes parte per cercare Valentine (avversario).

Attraverso la sua ricerca, Augustin sperimenta non solo il viaggio e l'esplorazione, ma anche l'amore (grazie a Yvonne e Valentine). Queste prove lo fanno crescere. Passa dall'adolescenza all'età adulta, perché finisce per sposarsi e diventare padre. Poiché è l'eroe ed è avventuroso, compie un viaggio iniziatico nello stile della narrativa cavalleresca.

Rappresenta anche una sorta di fratello maggiore e di maestro per François, che matura passando del tempo con Augustin e condividendo con lui le esperienze. Prima di incontrare il Grande Meaulnes, François era un ragazzo timido, riservato e un po' strano, controllato dai genitori. In breve tempo arriva a vedere Augustin come un amico e un eroe: "Ricordo ancora quanto fosse bello il mio amico più grande in quel momento, nonostante la sua aria di stanchezza e i suoi occhi iniettati di sangue, frutto senza dubbio di notti passate all'aperto" (p. 27). Meaulnes è ancora più bello perché porta i segni della sua avventura: i suoi occhi sono iniettati di sangue perché ha passato la notte all'aperto e ha infranto le regole.

Trascorrendo il tempo con Augustin, François scopre anche l'amore fraterno: il legame tra loro non si spezza né con il tempo né con le prove. Quando vede Meaulnes partire per terminare gli studi a Parigi, François ha "la sensazione che in quella vecchia carrozza la mia adolescenza sia svanita per sempre" (p. 124). Attirandolo nelle sue avventure, Augustin lo ha fatto precipitare nell'adolescenza; lasciandolo, lo fa entrare nella vita adulta. L'avventura selvaggia è finita, e il tempo passa così velocemente nel romanzo che, solo poche pagine dopo, François è diventato insegnante.

Augustin, dal canto suo, ha sperimentato la vita adulta grazie a Yvonne: lei è l'oggetto della sua ricerca, e completandola diventa marito e padre. Quando se ne va, François assume il ruolo di marito in assenza dell'amico. Anche se non sono uniti dall'amore, François diventa il confidente di Yvonne e si prende cura della figlia come se fosse sua figlia. Da timido e passivo quindicenne, François diventa così un marito e padre surrogato. Anche François compie un percorso iniziatico: dimostra coraggio e lealtà nei confronti dell'amico accettando la sua nuova vita movimentata e prendendosi cura della moglie e della figlia. Infine, dà prova di moralità lasciando che la bambina che ha cresciuto se ne vada con Augustin, nonostante la tristezza che ciò gli provoca.

Disillusione

La crescita di François e Augustin è accompagnata dal dolore, perché sono divisi tra futuro e passato, tra sogni e realtà. François si sofferma a lungo sui piaceri dell'infanzia, mentre Augustin soffre quando cresce ed è costretto a fare i conti con le sue illusioni. Quando François incontra e diventa amico di

Meaulnes, si sente allo stesso tempo felice e nervoso. Allo stesso modo, ricorda il "miscuglio di piacere e di ansia" (p. 16) che ha provato il giorno prima della fuga dell'amico. L'avventura, e quindi la liberazione, nascono in lui dal dolore:

> *"Ma qualcuno arrivò e mi portò via da tutte queste gioie tranquille e infantili – qualcuno che spense la candela che aveva gettato la sua luce sul viso gentile di mia madre mentre preparava il nostro pasto serale; qualcuno che spense la luce attorno alla quale ci riunivamo come una famiglia felice in quelle sere, dopo che mio padre aveva chiuso le persiane di legno sulle porte-finestre. E quel qualcuno era Augustin Meaulnes, che presto sarebbe stato chiamato dagli altri alunni 'Il grande Meaulnes'"* (p. 12).

Augustin è la persona che determina la fine dell'infanzia di François. Lo fa uscire dal nido familiare e lo introduce nel duro ambiente del mondo degli adulti. Per lui questo passaggio è caratterizzato dalla nostalgia di una felicità perduta. Anche se François è felice di scoprire una nuova vita con Augustin, inizialmente prova un senso di malinconia quando si rende conto che le gioie e la spensieratezza dell'infanzia sono finite.

Per Augustin, il passaggio all'età adulta è simboleggiato dal passaggio dall'idealismo alla disillusione. Quando finalmente ritrova Yvonne de Galais, non assapora la loro riunione perché è ancora ossessionato dal loro primo incontro. Sembra rifiutarsi di credere che la famiglia de Galais abbia dovuto vendere la sua proprietà e che la tenuta sia caduta in rovina:

> *"Parlarono; ma immancabilmente, con un'insistenza di cui sicuramente non si rendeva conto, Meaulnes continuava a tornare su tutte le meraviglie del passato, e ogni volta la ragazza, miseramente, doveva ripetere che tutto era svanito: la vecchia dimora, così strana e così contorta, era stata*

Meaulnes non si riprende da quell'idilliaco momento da favola. Quando finalmente ritrova la donna che ama, il suo amico si chiede: "Allora dove aveva trovato questo vuoto, questa incapacità di provare felicità che ora era in lui?". (p. 167). L'idealista Meaulnes è travolto dalla disillusione e per questo diventa crudele. Senza rendersene conto, rovina la sua felicità: scappa il giorno dopo il matrimonio e non scrive. Confida inoltre a François che "quando ho scoperto la Tenuta senza nome, ho raggiunto un'altezza, un grado di perfezione e di purezza che non raggiungerò mai più. Solo nella morte, come ti ho scritto una volta, potrò forse ritrovare la bellezza di quel tempo" (p. 158). Augustin soffre e fa soffrire gli altri perché preferisce i sogni alla realtà.

Per questo, il passaggio dall'infanzia all'età adulta si tinge di dolore e nostalgia. La fine del romanzo si stempera nella tristezza, poiché un personaggio ha sopportato un amaro divorzio tra sogni e realtà, mentre l'altro ha dovuto dire addio all'innocenza e alla sicurezza dell'infanzia.

ULTERIORI RIFLESSIONI

ALCUNE DOMANDE SU CUI RIFLETTERE...

• Secondo voi, a quale genere appartiene questo romanzo?

• Questo romanzo ha un aspetto autobiografico: l'autore attribuisce alcune caratteristiche a François Seurel e altre ad Augustin Meaulnes. Quali sono queste caratteristiche? Fate una ricerca sulla vita dell'autore per aiutarvi a rispondere.

• *Le Grand Meaulnes* può essere definito un romanzo autobiografico? Giustificate la vostra risposta.

• Il racconto dell'avventura di Augustin assomiglia a una favola? Giustificate la vostra risposta.

• Perché si può dire che *Le Grand Meaulnes* assomiglia al romanzo d'iniziazione medievale?

• Quali sono i temi principali del romanzo?

• Cosa sta cercando Augustin Meaulnes?

• Quali parti del romanzo possono essere classificate come vita reale e quali come parte dell'immaginario, o addirittura del fantastico? Esiste una linea di demarcazione netta tra il reale e l'immaginario? Spiegate la vostra risposta.

• Come l'autore rappresenta le due ragazze, Yvonne de Galais e Valentine Blondeau?

- Confrontate il libro di Alain-Fournier con i suoi due adattamenti cinematografici, diretti da Jean-Gabriel Albicocco (1967) e Jean-Daniel Verhaeghe (2006). Quale di questi adattamenti è più fedele al libro? Spiegate la vostra risposta.

ULTERIORI LETTURE

EDIZIONE DI RIFERIMENTO

Alain-Fournier, H. (2007) *La tenuta perduta (Le Grand Meaulnes)*. Trans. Buss, R. Londra: Penguin.

ADATTAMENTI

Le Grand Meaulnes. (1967) [Film]. Jean-Gabriel Albicocco. Dir. Francia: Madeleine Films, AWA Films, Pathé Consortium Cinéma, La Société des Films Sirius, Union Générale Cinématographique.

Le Grand Meaulnes. (2006) [Film]. Jean-Daniel Verhaeghe. Dir. Francia: Mosca Film.

Vogliamo sapere da voi!
Lasciate un commento sulla vostra biblioteca online
e condividete i vostri libri preferiti sui social media!

Perché scegliere Must Read?

Scoprite tutto quello che c'è da sapere su
un libro, con i nostri riassunti e le nostre
analisi concise e approfondite!

**Scoprite il meglio della letteratura
sotto una luce completamente nuova!**

www.50minutes.com

www.50minutes.com

Master ISBN: 9782808690423
ISBN cartaceo: 9782808611824
Deposito legale: D/2023/12603/1462

Copertura: © Primento

Concezione digitale a cura di Primento, il partner digitale degli editori.